La última prueba

Jennifer Degenhardt

This book is for the Pedros. This book exists because of you, so it makes sense that it is for you. *Los quiero un montón*.

ÍNDICE

AGRADECIMIENTOS

This book was a long time in the making and it wouldn't have made it without the help of these fine folks.

Thank you to the Pedros for coming in to my life and teaching me about where you're from in Guatemala.

To Miles Brennan, thank you for the beautiful artwork for the covers of this book.

Thank you to Justin Schwamm of Three Column Learning Corporation whose kernel of an idea for another project got this story started.

To Pascual Jorge Gregorio, thank you for your translation from Spanish to chuj. I'm delighted to have a bit of your language in this book.

To Proyecto Lingüístico Francisco Marroquín, especially Erika López, thank you for your love of languages and helping to make the contact for me with the *chuj* translator.

Thank you to *mi amiga* and *colega*, A.C. Quintero for reading the book and providing even more ideas for its improvement.

And to Ana Andrés, thank you for the superior edits and formatting expertise. So great that our paths have crossed.

NOTAS

In Guatemala, as in the dialects of other Spanish-speaking regions in the Americas, the use of *vos* as a second person singular pronoun is common. The voseo, as it is called, can be used instead of *tú* or concurrently. For the purposes of uniformity, it is used exclusively in this text.

The use of the myth of the Hero Twins serves as a basic plot structure and to introduce the *Popol Vuh* and a bit of the rich history of the Maya people. A more detailed representation of the myth can be found in the many interpretations of the *Popol Vuh*.

árbol genealógico

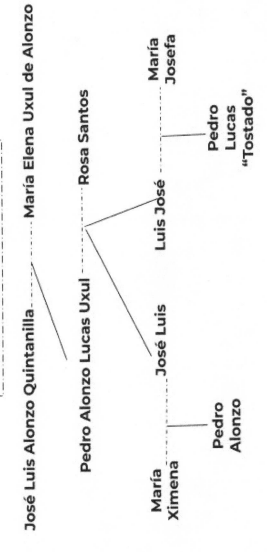

José Luis Alonzo Quintanilla ----- María Elena Uxul de Alonzo

Pedro Alonzo Lucas Uxul ----- Rosa Santos

José Luis

Luis José

María Ximena

Pedro Alonzo

Pedro Lucas "Tostado"

María Josefa

Prólogo
Parte 1

La entrada de Xibalba[1] está en una cueva. Xibalba es un lugar debajo de la tierra y es una gran ciudad. Hay mucha muerte en Xibalba. Hoy no es una excepción.

Todos los Señores de Xibalba están presentes. Ellos son Señores de la Muerte. Causan mucho sufrimiento en la tierra. Los señores Hun-Came[2] y Vucub-Came[3] tienen el control. Mandan a otros a la tierra para hacer sus malévolos trabajos. Causan mucho dolor y sufrimiento.

Hoy Hun-Came y Vucub-Came están con los otros diez Señores (demonios) de Sufrimiento. Todos ellos esperan a unos humanos que llegan de la tierra. Es hora de sufrir. Finalmente, unos residentes de Xibalba llegan con tres hombres de la tierra.

—Son buenos ejemplos. Vamos a disfrutar las pruebas que ellos necesitan hacer —dice Hun-Came.

Los tres hombres de la tierra tienen miedo. No dicen nada.

---

[1] Xibalba: name given to the underworld of the mythology of Mayan K'iche'.
[2] Hun-Came: «One Death».
[3] Vucub-Came: «Seven Death».

—Ustedes necesitan hacer unas pruebas. Si pueden pasar las pruebas, van a vivir. Si no, van a morir —dice ahora Vucub-Came.

Los tres hombres tienen mucho miedo. Escuchan con mucho interés a Hun-Came.

—Primero ustedes necesitan cruzar el río de escorpiones. Luego necesitan cruzar el río de sangre. Al final necesitan cruzar el río de pus.

—¿Listos? ¡Vayan! —dice Vucub-Came.

Los tres hombres corren rápido pensando que pueden escapar. Llegan al río. Es muy oscuro. No se ven los escorpiones y los tres saltan al río. Dos de los hombres nadan al otro lado. Los escorpiones los pican, pero nadan rápido. El otro hombre no sabe nadar bien y los escorpiones lo atacan. Muere en el río.

Los dos hombres regresan a Xibalba para hablar con los señores.

—Qué interesante. Dos de ustedes nadan muy bien —dice Hun-Came—. Ahora necesitan cruzar el río de sangre. Es más difícil.

—¿Listos? ¡Vayan! —dice Vucub-Came.

Los hombres corren al río. Tienen mucho más miedo ahora. Llegan a un río que es del color rojo, pero un rojo oscuro. El río no va muy rápido.

—Vamos —dice uno de los hombres—. Es más fácil que el río de escorpiones. El río no va rápido.

Los dos saltan al río, pero están sorprendidos. No es agua, es sangre. La sangre es mucho más densa que el agua. El hombre joven y fuerte nada muy bien y cruza sin problema. El otro hombre no es tan fuerte y muere en el río.

El hombre regresa a Xibalba y espera la tercera prueba.

—Necesitás cruzar el río de pus si querés vivir —dice Hun-Came.

El hombre tiene mucho miedo. Tiene muchas picaduras de los escorpiones y está muy cansado de nadar en el río de sangre. Pero no quiere morir. Quiere cruzar bien el río de pus.

El hombre llega al río. El río de pus es asqueroso. Es de color verde y amarillo. El hombre no quiere entrar, pero no quiere morir a manos de los señores.

—No quiero entrar. No quiero morir —dice el hombre.

Pero sabe que va a morir si no entra. Entonces entra en el río y empieza a nadar. El pus quema. Sobre todo quema en las picaduras de los escorpiones. El dolor es horrible. El hombre no nada bien, pero sabe que si no nada, va a morir.

—¡Ayuda! —grita el hombre.

Y en ese momento su cabeza está debajo del pus.

«¡No puedo!», piensa.

El hombre está en peligro. No respira bien.

—¡No quiero morir! —grita, pero nadie lo escucha.

En ese instante, tiene una ola de energía y el hombre nada fuerte. Quiere cruzar el río. Necesita cruzar el río.

Finalmente llega al otro lado. No respira bien.

—No puedo más —dice—. No puedo más.

Y el hombre se cae a la orilla del río.

Prólogo
Parte 2

Pero está vivo.

Otra vez el hombre camina adonde están los señores Hun-Came, Vucub-Came y los otros Señores de la Muerte en Xibalba. Está en muy malas condiciones, pero está vivo.

—Pasé las pruebas. Quiero regresar a la tierra —dice el hombre en frente de los Señores de la Muerte.

—¡NO! —grita Vucub-Came—. Vas a morir. Nadie pasa todas las pruebas.

—Señores, mátenlo —dice ahora Hun-Came.

Los otros diez Señores de la Muerte le causan al hombre mucho dolor, mucho miedo y mucho sufrimiento. Al final le causan la muerte. Este hombre de la tierra, como muchos otros hombres, muere.

La muerte. Es lo normal en Xibalba...

Capítulo 1

En las montañas de Guatemala hay un pueblo. El pueblo se llama San Mateo Ixtatán. Está en el departamento de Huehuetenango en Guatemala. El pueblo no es muy grande, tampoco es muy pequeño. El pueblo es muy lindo. Está lejos de la capital de Guatemala, pero San Mateo Ixtatán está cerca de la frontera con México.

Muchas familias viven en San Mateo Ixtatán. Las familias son mayas. Ellas son indígenas de origen maya. El imperio maya fue una civilización mesoamericana que se extendió del suroeste de México al norte de Centroamérica.

Un hombre de San Mateo Ixtatán, Pedro Alonzo Lucas Uxul, tiene dos hijos. Los hijos son hermanos. Es costumbre dar los nombres de los abuelos a los hijos. Los hermanos tienen los nombres de su abuelo, José Luis Alonzo Quintanilla. Un hermano se llama José Luis y el otro hermano se llama Luis José.

Los hermanos ya son grandes y tienen familias también. José Luis es el mayor y tiene un hijo. Luis José es el menor y tiene un hijo también.

Como es costumbre, los hijos de José Luis y Luis José tienen los nombres de su abuelo, Pedro Alonzo Lucas Uxul. El hijo de José Luis se llama Pedro Alonzo. El hijo de Luis José se llama Pedro Lucas. Los

dos Pedros tienen diez años. Son primos, pero son
más como hermanos.

Capítulo 2

Guatemala no es un país rico. Las familias no tienen mucho dinero, pero las familias son felices. La familia de Luis José, el hermano menor, tiene una casa pequeña. La casa tiene una cocina, una sala y dos dormitorios. Es una casa humilde, pero es perfecta.

Un día por la tarde, Pedro Lucas está en casa con su madre.

—*Numin, ajtil ayek' winh hinh mam* (Mamá, ¿dónde está mi papá?).

—*Ayb'at winh munlajel t'a jatz'oj* (Está en el campo. Cosechando).

—*Janik' oljawinh pat tik* (¿Cuándo llega a casa?) — pregunta Pedro Lucas.

—*Ah, oljawinh a yik olb'at k'u* (Llega cuando caiga el sol[4]) —le dice su mamá.

Luis José trabaja en el campo. Él trabaja con las plantas de café. El café del departamento de Huehuetenango es muy famoso. Luis José no gana mucho dinero, pero a él le gusta el trabajo.

La esposa de Luis José se llama María Josefa. Ella trabaja en la casa. Ella cocina y limpia la casa.

---

[4] cuando caiga el sol: when the sun sets.

También teje con telar de espalda[5]. Hace telas típicas de su región de Guatemala. Ella vende las telas en el mercado. No gana mucho dinero, pero es suficiente.

La familia de Luis José no tiene mucho dinero, pero la familia es feliz.

$$*****$$

Hay familias ricas en San Mateo Ixtatán también. La familia de José Luis es una familia rica. José Luis vive con su esposa María Sofía y su hijo, Pedro Alonzo. La familia de José Luis recibe dinero del hermano de María Sofía. El hermano vive y trabaja en los Estados Unidos. Todos los meses, él le manda dinero a su hermana a Guatemala.

Con este dinero extra, José Luis y María Sofía compraron una pensión. Una pensión es similar a un hotel, pero es más pequeña. Tiene ocho dormitorios en total, dos para la familia y seis para otras personas. Las personas que duermen en la pensión son personas que vienen a visitar San Mateo Ixtatán. Es un buen negocio.

Los trabajos de José Luis y María Sofía son diferentes de los trabajos de Luis José y María Josefa. José Luis

---

[5] telar de espalda: back strap loom; a small loom that is used by tying one part to a tree or post and securing the other part around the waist to provide the needed tension for weaving.

trabaja en el pueblo y María Sofía trabaja en la pensión con la empleada, Marta.

Un día Pedro Alonzo habla con la empleada.

—¿Qué es? —dice Pedro Alonzo tomando la camisa nueva.

—Es la camisa nueva para la escuela, Pedro Alonzo —dice Marta—. Guardala en tu ropero.

Pedro Alonzo no escucha a Marta. No le hace caso[6].

—Marta, ¿dónde está mi balón?

—Está en tu dormitorio —dice Marta.

—¿Cuándo llega mi papá a casa? Necesito un balón nuevo. Quiero el balón nuevo hoy.

Pedro Alonzo tiene muchos balones de fútbol. No necesita un balón nuevo, pero Pedro Alonzo siempre consigue lo que quiere.

---

[6] no le hace caso: he doesn't pay attention.

Capítulo 3

En la casa de Pedro Lucas es la misma rutina cada día. La mamá de Pedro Lucas se levanta primero. Ella se pone la ropa típica que llevan las mujeres en San Mateo Ixtatán. El traje[7] es la ropa típica que llevan las mujeres en San Mateo Ixtatán y en otras partes de Guatemala. Hay mucha gente indígena maya en Guatemala. El traje tiene un huipil, un corte y una faja. El huipil es una blusa, el corte es una falda y la faja es un cinturón.

Cuando está lista, la mamá de Pedro Lucas va a la cocina y prepara las tortillas y los frijoles para el día. La familia siempre come tortillas y frijoles. También ella prepara el café. Toda la familia toma café con leche y mucho azúcar.

Luis José se levanta también. Él se pone un *capixay*[8], un pantalón y *caites*[9] para ir a su trabajo en el campo. Trabaja con las plantas de café, el famoso café del departamento de Huehuetenango. Luis José trabaja para una compañía con muchos otros

---

[7] traje: name given to traditional clothing worn by indigenous people in Guatemala. The *huipil* is a brightly multi-colored, hand-woven cotton poncho with a lacy collar. The *corte* is generally a bright red-based patterned with white, yellow and green stripes.

[8] capixay: a poncho used by men in the highlands of Guatemala. It is made of two woven pieces of brown or black sheep's wool, sewn together on the sides leaving openings for the arms.

[9] caites: traditional sandals made of leather.

hombres de la región. No hay mucho trabajo en la región de San Mateo Ixtatán, pero Luis José tiene trabajo. Está feliz.

Una hora después, Pedro Lucas se levanta también. Él se pone un suéter, unos pantalones y unos tenis. Tiene que ir a la escuela.

En la cocina, la familia está a la mesa.

—*Xuxep, tzinh na hinh b'o'an chakxo ixim wa'il tik yik tzin chonho'. Ha pamilia snib'ej k'en tumin. Ichokab'chi?* (Luis José, voy a preparar más tortillas para vender. La familia necesita más dinero. ¿Buena idea?) —dice María Josefa.

—*Malin wach' jun tza nachi'* (Buena idea, María) —responde Luis José.

—*Ha jun chuklaj to tzinh nib'ej junok lum̦ sam niwakil. Ma ay k'en tumin b'aj manchaji'?* (Un problema es que necesito un comal[10] más grande. ¿Hay dinero para comprarlo?).

—*Machekel Malin* (No sé, María) —dice Luis José.

---

[10] comal: a smooth, flat griddle used in Mexico and Central America and parts of South America.

—*Wach' tzach wa'i', axo winh mamab'il. Yujwalyos* (Buen provecho[11], mamá y papá. Gracias) —dice Pedro Lucas.

—*Yujwalyos, unun. Wach' tzach wa'i'* (Gracias, hijo. Provecho) —dicen los padres.

Pedro Lucas tiene buenos modales y les dice «gracias» a sus padres muchas veces.

Los padres continúan hablando. Pedro Lucas escucha a sus padres. Siempre hablan mucho del pisto[12] porque no hay mucho.

María Josefa habla con su hijo.

—*Putul, ay masanil juntzan yik ah k'ayb'ubalchi?* (Pedrito, ¿tenés todo para la escuela?).

—*Hi, munin ay masanil* (Sí, mamá. Tengo todo) — responde Pedro Lucas.

«Todo» no es mucho. Pedro Lucas tiene un morral[13] para la escuela. En la bolsa tiene un cuaderno y un lápiz. Nada más. Toma la bolsa hecha de tela típica y camina a la escuela.

---

[11] provecho: a phrase used in Spanish to express «enjoy your meal» to people consuming a meal.
[12] pisto: colloquial Guatemalan word referring to money.
[13] morral: school bag/satchel.

Capítulo 4

En la casa de Pedro Alonzo, las mañanas son diferentes. La empleada, Marta, llega muy temprano. Ella lleva huipil, corte, faja y chanclas[14]. Va a la cocina. Ella prepara el desayuno para la familia y para las otras personas en la pensión. Ella prepara tortillas, frijoles, huevos, fruta, cereales, café y jugo.

El padre, José Luis, se levanta y se pone una camisa, unos pantalones y un suéter. La mamá de Pedro Alonzo se levanta también. Ella se pone una falda, un suéter y unos zapatos. Ella no lleva traje típico. Ella trabaja con Marta en la pensión. Ellas limpian y preparan la comida. La pensión es buen negocio para la familia.

Por fin, Pedro Alonzo se levanta. Como su primo, él se pone un suéter, unos pantalones y unos tenis para ir a la escuela. Su ropa es diferente, porque es ropa nueva. Pedro Alonzo siempre tiene ropa nueva.

En el comedor, la familia está a la mesa. No hay otras personas de la pensión en el comedor a esa hora.

—Marta, ¿dónde está la leche para el café? —dice José Luis.

---

[14] chanclas: flip-flops.

José Luis no saluda a Marta. No dice «Buenos días». Solo da órdenes.

—Disculpe, señor. Aquí está —responde Marta.

Marta vuelve a la cocina para trabajar más. Ella necesita preparar la comida para el almuerzo. Ese día prepara una buena sopa de gallina.

La familia de Pedro Alonzo no habla mucho. La madre no habla mucho con el padre y los padres no hablan con su hijo. Es una vida diferente de la vida de su primo. Pedro Alonzo quiere hablar más con sus padres.

Pedro Alonzo termina el desayuno, toma su mochila y va con su papá a la escuela en el carro de la familia.

Capítulo 5

La familia de Pedro Alonzo tiene carro porque recibe dinero de su tío en los Estados Unidos. Es bueno tener carro porque José Luis necesita ir mucho a la cabecera[15] del departamento a comprar materiales para la pensión. La cabecera es la capital del departamento de Huehuetenango. La ciudad de la cabecera se llama Huehuetenango también.

José Luis habla con su hijo esa mañana.

—Pedro —dice el padre—, recuerda que vamos a Huehue este fin de semana. Quiero visitar a un hombre que tiene una mesa nueva para el comedor.

—Está bien, papi. ¿Puedo invitar a mi primo? —pregunta Pedro Alonzo.

—No lo sé —dice el padre.

José Luis comprende bien la pregunta de su hijo. Los dos Pedros son más hermanos que primos. Pero José Luis no tiene buena relación con su hermano, Luis José. No quiere llevar al otro chico, su sobrino Pedro Lucas, a la cabecera.

---

[15] cabecera: literally, the «head» as in the head (capital) of the department or state.

Los dos Pedros llegan a la escuela a las ocho de la mañana. Pedro Lucas camina dos kilómetros desde su casa y Pedro Alonzo llega en el carro de la familia.

*****

En San Mateo Ixtatán hay cinco escuelas, dos públicas y tres privadas. Los Pedros asisten a una de las escuelas públicas. Su escuela tiene los grados del uno al seis. No hay escuelas secundarias en San Mateo Ixtatán. En Guatemala, es obligatorio asistir a la escuela solo seis años. Los primos asisten para aprender a leer y escribir y también hablar español. No hablan mucho español en casa. Hablan chuj[16]. Chuj es una lengua indígena de los mayas. Se habla en el departamento de Huehuetenango cerca de la frontera con México.

Pedro Alonzo ve a su primo hermano y le habla en chuj.

—*Wach' k'inhib'alil. Tajxi a k'ol!* (Buenos días. ¿Cómo estás?) —dice Pedro Alonzo.

—*Wach'. Xalach?* (Bien. ¿Y vos?) —responde Pedro Lucas.

—*Wach'. T'a lajwi semana tzonh b'at t'a niwan chonhab' yet' winh hinh mam. Tok syal a b'ati'? waton matz'anh jak t'a k'en leb'sat* (Bien. Este fin de

---

[16] chuj: a Mayan language spoken in Guatemala and in a small region in Mexico.

semana vamos a la cabecera con mi padre. ¿Podés venir? Vamos a ir al cine) —pregunta Pedro Alonzo.

Pedro Alonzo quiere ir a Huehue con su primo. Pedro Lucas quiere ir a Huehue también. No conoce la ciudad. Quiere conocerla.

—*Tzinh nib'ej hinh b'ati'. Olwal t'a winh hinh yik tzinh schab'at winh* (Quiero ir. Gracias. Voy a pedirle permiso a mi padre) —dice Pedro Lucas.

Los chicos no hablan más y entran en la escuela.

*****

En San Mateo Ixtatán el clima es fresco y a veces hace frío. El pueblo está en las montañas en un bosque de nubes. Ese día hace un poco de frío en la escuela porque no hay calefacción, pero los chicos tienen mucha energía.

La escuela no es muy grande. Tiene seis aulas, una por cada grado. En cada aula hay entre 30 y 35 estudiantes. La escuela es caótica.

Los dos chicos se sientan a sus escritorios y esperan a la maestra.

El aula tiene escritorios y sillas para los estudiantes. También tiene un escritorio grande para la maestra. Hay un pizarrón y un mapa de Guatemala. No hay nada más. Los estudiantes necesitan tener papel y lápices para usarlos en la escuela. Muchos estudiantes no tienen el papel y los lápices porque sus familias no tienen dinero.

La escuela es un edificio blanco y está en una colina al lado de una iglesia. Hay muchas iglesias en San Mateo Ixtatán: iglesias católicas e iglesias evangélicas también. Las personas del pueblo son religiosas.

Los chicos en la clase hablan mucho. Así es la conversación:

—¿Dónde está la maestra?

—¿Cuándo llega?

—¿Qué hacemos hoy?

—¿Quién nos enseña?

Por fin, la directora llega a la clase con información. Ella no es muy simpática.

—Chicos, escuchen. ¡Escuchen! —les dice en español—. La maestra no viene hoy. Mañana va a haber profesor nuevo. Váyanse a casa.

—Bien. No me gusta esa maestra —dice Pedro Alonzo.

Los chicos hablan mucho y no prestan atención a la directora.

—Chicos, ¡escuchen! Váyanse a casa —dice la directora.

«Qué bien», piensa Pedro Lucas.

—Vamos a la cancha a jugar fútbol —dice Pedro Alonzo.

Los chicos pasan la mañana jugando fútbol hasta la hora de regresar a la casa para comer el almuerzo.

Capítulo 6

Pedro Lucas llega a casa corriendo y habla con su mamá sobre el nuevo profesor y el viaje a la cabecera.

—Mamá, vamos a tener nuevo profe mañana. La otra maestra ya no está —dice Pedro Lucas.

La madre de Pedro Lucas, María Josefa, solo asistió a la escuela hasta segundo, pero cree que es importante para su hijo. La madre de Pedro Lucas no comenta nada sobre la maestra. Es normal tener muchos maestros en un año escolar. No hay bastante maestros en Guatemala para todos los estudiantes.

—Y, mamá, quiero ir a Huehue con el primo y el tío este fin de semana. El primo me invitó —dice Pedro Lucas.

La madre no habla mucho español y responde en chuj.

—*Tzinh nib'ej hinh lolon yet' winh a mam* (Necesitás hablar con tu padre).

*****

Pedro Alonzo llega a la pensión para almorzar. No saluda a su madre, pero empieza a hablar.

—Mamá. Invité a Tostado a ir con nosotros este fin de semana —le dice a su mamá usando el apodo de su primo.

—Pedro, necesitás hablar con tu padre —dice la mamá.

Capítulo 7

Al día siguiente, viernes, en la escuela los primos hablan sobre el viaje a la cabecera.

—Oye, Pedro. ¿Nos vemos por la mañana? —le pregunta Pedro Lucas a su primo.

—Hola, Tostado —dice Pedro Alonzo—, mi mamá dice que necesito hablar con mi papá.

—Mi mamá dice lo mismo. ¿Por qué?

—No sé.

En ese momento, la directora de la escuela los llama a todos.

—¡A entrar!

Todos los estudiantes entran en sus aulas. Los primos entran en el aula que dice 5.º. En el aula hay un profe nuevo. Es joven y un poco alto. Tiene barba, bigote y el pelo un poco largo. Lleva un suéter gris, pantalones negros y zapatos también negros. No habla cuando los chicos y las chicas entran.

Los estudiantes hablan mucho, pero no hablan con el profesor.

Finalmente, el profesor habla con una voz muy fuerte y con mucha energía.

—¡Buenos días, chicos! ¿Cómo están?

Los estudiantes están sorprendidos. El nuevo profesor es muy animado.

—Me llamo José Manuel Xiloj Córdova. Soy de la capital. Y también soy estudiante como ustedes. Estudio la historia de Guatemala en la universidad.

—¿Por qué estudia la historia? El presente es más importante —dice un chico molestoso.

Todos los chicos hablan a la vez. Pero las chicas son más tímidas y no hablan mucho.

—Es buen argumento, señor... ¿Cómo te llamás? —pregunta Profe Manuel—. Vamos a explorar por qué la historia es tan importante. Y, chico, de veras, vos ¿cómo te llamás?

—Me llamo Ángel —dice el chico molestoso.

Profe Manuel NO comenta nada sobre el nombre del chico ni de cómo NO es un ángel. Pero el maestro joven de 23 años, estudiante de la Universidad de Guatemala, pasa toda la mañana hablando con los estudiantes. Antes de salir de la escuela para ir a la casa, Profe Manuel sabe todos los nombres de los estudiantes, sus intereses y qué materias les gusta estudiar en la escuela.

*****

Los Pedros hablan mientras salen por el portón. Pedro Alonzo espera a su papá. Él llega en carro.

—Me gusta el nuevo profe —dice Pedro Lucas—. Es bueno.

—Sí, es interesante. Dice que tiene cuentos. ¿De qué?

—No sé. Vamos a ver —dice Pedro Lucas—. Y nos vamos a ver mañana también, ¿no? Es el viaje a Huehue, ¿cierto?

—Sí. Lo hablé con mi papá. Pasamos por la casa temprano probablemente. Hasta mañana.

—Sí. *Kalxi* (Adiós), primo.

El padre de Pedro Alonzo, el tío de Pedro Lucas, llega en ese momento. Por la ventana del carro, Pedro Lucas saluda a su tío.

—*Wach'am, wicham. Skil k'ik'an* (Hola, tío. Nos vemos mañana).

José Luis saluda a su sobrino con la mano, pero no responde con palabras.

Pedro Lucas camina a casa para comer el almuerzo con su mamá.

Capítulo 8

Al día siguiente, sábado, Pedro Lucas se levanta muy temprano cuando escucha unos carros en la calle cerca de la casa. Se levanta, se pone la ropa, se lava la cara y come pan. Los padres no se levantan todavía.

La mañana es muy oscura. Hace frío porque no hace sol todavía. Pero hace frío también porque San Mateo Ixtatán está en las montañas y siempre hace más frío en las montañas. El pueblo está en un bosque de nubes y siempre hay nubes, especialmente por las mañanas.

Pedro Lucas espera en la puerta. Y espera. Pero no llega el carro de su tío.

Su mamá se levanta antes de la salida del sol y va a la puerta.

—*Unin, tas tza k'ulej?* (Hijo, ¿qué hacés?) —le pregunta en chuj la mamá.

—*Tzinh b'at Chinab'jul yet' heb' winh wicham* (Voy a Huehue con mi primo y mi tío) —dice Pedro Lucas.

—*Unin, Winh a mam max lolonlaj winh yet' winh yuk'tak. Maj ach b'atlaj tikne'ik* (Hijo, tu papá no habla con su hermano. No vas a ir hoy) —explica la mamá.

Por fin sale el sol detrás de las montañas. Pedro Lucas no sabe qué problema hay entre su papá y su tío, pero sabe que su tío y su primo —su mejor amigo— no van a recogerle a la casa esa mañana para ir a la cabecera.

Capítulo 9

Pedro Lucas pasa todo el fin de semana en la casa con sus padres. Ayuda a su mamá con los trabajos de la casa el sábado, y el domingo la familia va a la iglesia. Pedro Lucas está muy triste y no habla mucho. Tampoco participa en el servicio ese día. No canta. No ora. No reza. No habla con sus amigos de la escuela que están en la misa[17]. No dice nada.

—Hijo, ¿qué te pasa? No decís mucho hoy —le pregunta su padre.

Luis José es un hombre humilde, y no habla mucho. Pero ese día está preocupado por el silencio de su hijo, que normalmente no para de hablar.

Pedro Lucas no responde inmediatamente a su padre. No sabe qué decir. Su papá no le pregunta más.

La familia camina a la casa después de asistir a la iglesia. Cuando llega, Luis José habla con su esposa.

—Entrá, voy a platicar un rato con mi hijo.

Luis José habla con su hijo.

—Hijo, ¿por qué estás tan callado hoy? Normalmente no parás de hablar.

---

[17] misa: church service.

Por fin, Pedro Lucas tiene una respuesta.

—Papá, yo quería ir a Huehue con mi primo y mi tío. Me invitó mi primo, pero no pasaron por la casa ayer.

—Ay, hijo. Es un problema, pero no es tu problema. Ya sabés que tu tío y yo no tenemos buena relación. Por eso no podías ir a la cabecera con ellos. Tu tío y yo no hablamos.

—Pero, Papi, Pedro Alonzo no solo es mi primo, es mi amigo. No sabía. ¿Qué pasó? ¿Por qué ya no hablas con tu hermano?

—Ven, hijo. Te voy a explicar lo que pasó —dice su papá.

El padre de Pedro Lucas lo invita a sentarse a su lado en el patio de la casa. Pedro Lucas se sienta y mira con curiosidad a su papá.

Por una hora, Luis José explica la situación. Hace cinco años los hermanos entraron en un negocio juntos. Hubo una confusión con una transacción financiera y José Luis compró una máquina para el negocio sin hablar primero con su hermano. José Luis tomó la decisión solo. Luis José se enojó.

—Hijo, en mi opinión, tu tío debió hablar conmigo primero. No lo hizo y después tampoco quería hablar de la situación, por eso dejé de hablarle[18].

—Pero, papá, mi tío no es mala persona. Me dice que quiere hablar con vos. Habla de vos mucho cuando lo veo.

—Pues él sabe dónde vivo. Puede venir a buscarme —dice Luis José.

Pedro Lucas piensa que su papá es un poco terco, pero no dice nada. Piensa en su mejor amigo y que no fue en el viaje con él.

—Papá, quiero jugar con mi primo como siempre. ¿Podés hablar con mi tío, ¿por favor? —dice finalmente Pedro Lucas.

Luis José mira a su único hijo y ve tristeza en sus ojos.

—Sí, hijo. Buena idea. Voy a hablar con tu tío —responde.

---

[18] dejé de hablarle: I stopped talking to him.

Capítulo 10

Al día siguiente, lunes, Pedro Alonzo está en el patio de recreo de la escuela hablando con los otros chicos de su clase. En ese momento su primo llega, un poco tarde. Pedro Lucas entra en la escuela y camina hacia el grupo de chicos. Ve que su primo, su mejor amigo, está muy feliz. Pedro Lucas escucha el cuento de su primo.

—Y después de ir a la ferretería, fuimos a comer en un restaurante. Y, por la tarde, fuimos al cine en Huehue. Vimos una película de acción. Me encantó.

Todos los chicos empiezan a preguntarle sobre el cine y la película. Pocos chicos en San Mateo Ixtatán tienen la oportunidad de ir al cine, y tienen muchas preguntas.

Pedro Lucas no sabe qué decir a su primo. Pedro Alonzo lo mira y sigue hablando con los otros chicos. Habla del héroe de la película y su valor. Pedro Lucas está celoso, claro, pero además, está triste por no compartir la experiencia con su primo.

En ese momento, toca la campana para empezar el día escolar. Todos caminan a sus aulas.

Profe Manuel espera a la puerta del aula. Saluda a cada estudiante por su nombre cuando entra en la clase.

—Buenos días, Pedro. Buenos días, Lupe. Buenos días, Ximena. ¿Cómo están todos hoy?

Profe Manuel tiene una sonrisa enorme cuando habla con cada estudiante. Tiene mucha energía.

Los estudiantes están sorprendidos. El profesor solo los conoce de un día y ya sabe sus nombres. Y son muchos. Hay treinta y cuatro estudiantes en la clase.

Ángel es el primero en preguntar.

—Profe, ¿cómo sabe usted todos los nombres?

—Buenos días, Ángel —dice Profe Manuel, indicando que Ángel debe saludar al profesor primero.

—Oh, sí. Buenos días, Profe Manuel. ¿Cómo sabe usted todos los nombres?

Los otros estudiantes se ríen porque Ángel nunca tiene buenos modales.

—Gracias por la pregunta, Ángel. Es importante tener buenos modales, ¿no? Saludar al maestro es un ejemplo.

Otra vez, los estudiantes se ríen. Se ríen por Ángel, pero también se ríen porque ellos no tienen problemas con el profesor.

—Ayer pasé la tarde memorizando sus nombres. Es importante para mí.

—¿Por qué es importante? La otra maestra no los aprendió —pregunta otro estudiante.

Profe Manuel ve la oportunidad para explicar la importancia del nombre.

—Es una parte de la identidad. Quiero conocerlos como personas y voy a empezar con sus nombres.

Los estudiantes están animados, pero no hablan mucho porque tienen respeto por el nuevo profesor. Profe Manuel quiere conocerlos.

Ese día Profe Manuel sigue hablando de la identidad. Habla de la identidad maya.

—Todos ustedes son de origen maya. Los indígenas mayas tienen una historia muy larga. Ustedes necesitan conocerla porque es una parte muy importante de su identidad.

En ese momento saca un libro enorme y muy viejo de su morral. Es el libro más grande que los alumnos han visto[19].

—¿Qué es eso? —pregunta el chico molestoso.

---

[19] han visto: they have seen.

Con cuidado, Profe Manuel pone el libro encima de su escritorio. No dice nada. Los alumnos tampoco hablan. Todos se quedan callados.

—Es un antiguo texto maya. En este libro están todos los mitos y la historia de los mayas de esta región —responde Profe Manuel.

Los alumnos están mudos. Con ojos muy abiertos ellos esperan más información de Profe Manuel. Para los alumnos, el libro parece mágico.

Profe Manuel suspira.

—Este libro se llama *Popol Vuh* —dice finalmente.

Capítulo 11

Cuando Profe Manuel tiene la atención de todos, presenta a la clase el mito de los héroes gemelos[20] y empieza la historia.

—Hace muchos años había dos hermanos gemelos. Ellos no trabajaban bien la tierra, pero jugaban bien los juegos de pelota. Siempre hacían mucho ruido cuando jugaban.

—Como nosotros cuando jugamos al fútbol —interrumpe un chico.

Todos se ríen y otra vez Profe Manuel tiene que esperar. Finalmente continúa.

—Los juegos de los hermanos molestaban a los dioses del Xibalbá. Esos dioses invitaban a personas a su mundo para hacerles daño[21] y para matarlas —dice Profe Manuel.

—No me gusta la historia, profe —dice Ximena—. No es un bonito cuento.

—Tenés razón, Ximena, pero este cuento es un mito de los mayas y es muy importante. Dejame continuar con el cuento y luego hablamos, ¿de acuerdo? —dice Profe Manuel.

---

[20] los héroes gemelos: the hero twins.
[21] para hacerles daño: to hurt them.

Profe Manuel sigue hablando. Explica que los dioses invitaron a los hermanos a su mundo para jugar un juego. Porque eran inteligentes, los hermanos no confiaban en los dioses, y fueron al mundo de los dioses con precaución. El juego tuvo muchas pruebas. Los hermanos tuvieron que cruzar un río de espinas, otro río de sangre y otro río de pus.

—Asqueroso[22] —dice Juan—, pero me gusta el cuento. Es emocionante.

Siguiendo con el mito, Profe Manuel explica que los hermanos pasaron muchas pruebas y que, al final, los dioses los vencieron. Pero una diosa se quedó embarazada[23] de *Hunahpú* e *Ixbalanqué*, los héroes gemelos.

—Ok, patojos[24]. Váyanse a jugar afuera. Ya es hora de recreo. Vamos a continuar con el mito después —dice Profe Manuel.

Todos los alumnos salen para ir al patio de la escuela. Un chico malo, notando el problema entre los Pedros, le dice algo antipático a Pedro Lucas.

—Tostado, vos no sobrevivís ninguna prueba sin tu primo. Sos débil y estúpido. Y por eso tu primo no te llevó a Huehue.

---

[22] Asqueroso: disgusting.
[23] quedó embarazada: became pregnant.
[24] patojos: Guatemalan word for «kids».

Pedro Lucas no sabe qué pensar. Mira a su primo —su mejor amigo—, que no dice nada. Pedro Lucas deja al grupo y va a otra parte del patio para hablar con otros amigos. Está triste otra vez.

Capítulo 12

Pedro Lucas normalmente es un chico muy feliz, pero en esos días está muy triste. No le gusta el problema con su primo, Pedro Alonzo.

Luis José nota que su hijo está mal. Le pregunta sobre eso cuando llega a casa.

—*Unin, tas tzach ik'ani'? Maxach lolonwallaj tik ne'ik* (Hijo, ¿qué te pasa?) —pregunta su papá.

—Nada, papá.

Su papá no le escucha y le pregunta otra vez en chuj.

—*Tajxi b'aj tzach kuyb'i chi tik ne'ik* (¿Qué tal la escuela hoy?).

En ese momento, Pedro Lucas se pone un poco más contento. Le cuenta a su papá el mito de los héroes gemelos.

—Los gemelos nacieron, ellos también eran buenos jugadores de juegos de pelota como sus padres. Y ellos también hacían ruido cuando jugaban. Y, papá, los dioses también los invitaron a jugar un juego de pelota en su mundo, en el inframundo[25].

Pedro Lucas continúa el cuento. Él explica que los gemelos fueron al inframundo de dioses con toda la

---

[25] inframundo: underworld.

información de sus padres. Parecía que tenían[26] poderes de magia. Los chicos podían destruir todo y revivirlo otra vez. Los dioses estaban impresionados, porque los gemelos pasaron todas sus pruebas.

—Papá, al final los gemelos destruyeron a los dioses, pero los gemelos no los revivieron. Los gemelos vencieron a los dioses y regresaron a la tierra.

—Hijo, me gusta el cuento. Vos sabés que es un cuento importante de nuestra cultura.

—Sí, papá. Es lo que dice Profe Manuel —dice Pedro Lucas.

—Un gemelo llegó a ser[27] el sol y el otro llegó a ser la luna. Eran gobernantes de la tierra y construían canchas de pelota en todas partes del mundo para honrar a sus padres —dice Luis José.

—Papá, los héroes gemelos y sus padres se llevaban[28] bien. ¿Por qué no es así con mi tío? ¿Y con mi primo?

*****

En casa de Pedro Alonzo, él también cuenta el mito de los héroes gemelos a su padre. Normalmente no

---

[26] Parecía que tenían: (it) seemed like they had.
[27] llegó a ser: (he) became.
[28] se llevaban: (they) got along well.

escucha bien en la escuela, pero ese día escuchó muy bien.

—Papi, el cuento de los gemelos es fascinante. Ahora entiendo un poco más la conexión de nuestra cultura y el sol y la luna —dice Pedro Alonzo.

—Sí, es buen cuento. Tu tío y yo lo aprendimos en la escuela también. Imaginábamos que éramos como los gemelos ... —dice el papá.

—Papá, yo también quiero jugar más con mi primo. ¿Es posible resolver el problema?

—*Machakel, unin. Machekel* (No sé, hijo. No sé) — suspira José Luis.

Capítulo 13

Al día siguiente Pedro Lucas y Pedro Alonzo llegan al mismo tiempo a la escuela, pero no juegan al fútbol en el patio como siempre. No se hablan. Ningún chico juega al fútbol. Es raro. Normalmente juegan cada día.

Entran en la clase y se sientan. Los estudiantes hablan, pero no están tan animados como siempre. Profe Manuel no está. ¿Dónde está Profe Manuel?

—Se fue otro profe —dice el chico molestoso, Ángel.

En ese momento Profe Manuel llega a la clase con un tambor y una canasta pequeña con ocarinas[29] y silbatos de barro[30], uno para cada estudiante.

—Buenos días, clase. Hoy vamos a aprender sobre la música de nuestros antepasados —dice Profe Manuel.

Por dos horas Profe Manuel enseña a la clase la música maya. Cada estudiante aprende a tocar sus ocarinas y también aprende a tocar el tambor, que es realmente el casco[31] de una tortuga. Con la energía que tiene, el chico molestoso aprende a tocarlo muy bien.

---

[29] ocarina: a small, whistle-sized vessel flute.
[30] silbato de barro: clay whistle.
[31] casco: shell.

—Bueno, clase. Vamos a tocar la canción una vez más. Y mañana vamos a presentarla a la directora de la escuela y a los otros estudiantes. ¿Listos? Uno, dos, tres...

Al oír «tres» los estudiantes tocan las ocarinas y el chico molestoso toca el tambor. Profe Manuel se sonríe. La música es excelente. Los Pedros también se sonríen mientras soplan las ocarinas.

Al final de la hora de música Profe Manuel felicita a los estudiantes.

—Ustedes tocan muy bien. Practicamos una vez más mañana por la mañana. Ahora la refacción. Pedro Alonzo, andá a lo de doña Marta para recoger la incaparina[32].

—Profe, ¿puedo acompañarlo? —pregunta Pedro Lucas.

—Sí. Cómo no —responde Profe Manuel.

Pedro Alonzo sale de la clase primero. No está contento. No quiere hablar con su primo.

Pedro Lucas corre detrás de su primo.

—Oye, primo —grita Pedro Alonzo—, esperá.

---

[32] incaparina: beverage made from a powdered flour and soy mixture to provide nutrients to children.

Pedro Alonzo para de caminar y habla con Pedro Lucas.

—¿Qué querés?

—¿Por qué no pasaron por la casa el sábado? —pregunta Pedro Lucas, enojado—. Los esperé por horas.

Pedro Alonzo mira a su primo, pero no dice nada. Pedro Lucas está muy frustrado.

—¿Por qué? ¿Por qué? —grita Pedro Lucas.

En ese momento quiere resolver el problema con las manos y pelear con su primo. Los chicos oyen unos sonidos fuertes que, al menos a ellos, les parecen disparos. Los chicos no saben cómo reaccionar al principio. Ahora oyen muchas personas gritando también.

—¡Vamos! —grita por fin Pedro Alonzo.

Entonces los dos corren rápido para esconderse en un cuarto pequeño cerca de los baños de la escuela. Al entrar al cuartito, sin tocarla, la puerta se cierra inmediatamente. No se ve nada. La oscuridad es completa.

Capítulo 14

Pedro Lucas abre los ojos, pero no ve nada. Todo está muy oscuro. Sabe que está en el cuarto cerca de los baños, pero siente algo diferente. No es normal.

Pedro Lucas habla primero.

—Oye, primo. ¿Estás aquí? ¿Qué pasó?

—Estoy aquí. ¿Estás bien? ¿Estamos en la clase? —dice Pedro Alonzo.

Después de unos momentos, Pedro Lucas puede ver un poco más. Ve que ya no están en el cuartito cerca de los baños.

Están en un pueblo, pero no es el pueblo de San Mateo Ixtatán. Hay muchas personas indígenas de tiempos pasados, como los que Profe Manuel les mostró en el libro. Pedro Lucas se da la vuelta[33] y ve a su primo, Pedro Alonzo. Ellos son los únicos estudiantes de la clase allí. Los otros estudiantes y Profe Manuel no están con ellos.

—Primo, ¿dónde estamos? —pregunta Pedro Lucas.

—No sé. Vamos a ver —dice Pedro Alonzo.

---

[33] se da la vuelta: (he) turns around.

Los dos chicos caminan por el pueblo. Ven a muchas personas trabajando. Unas personas trabajan en la tierra como el padre de Pedro Lucas, otras trabajan construyendo casas y muros, y otras personas hacen artesanía.

—Tostado, parece una civilización del pasado como la que nos enseñó Profe Manuel —dice Pedro Alonzo.

—Sí. Eso parece. ¿Cómo vamos a regresar a San Mateo Ixtatán? —pregunta Pedro Lucas.

—No sé. Vamos a explorar —dice Pedro Alonzo.

Los chicos continúan su caminata. Todas las personas trabajan menos un grupo que está jugando en una cancha un juego de pelota. Los chicos miran por un tiempo.

—Es el juego de pelota[34] que nos enseñó Profe Manuel —dice Pedro Lucas.

Finalmente, uno de los jóvenes se acerca para hablar con los primos. Nota que la ropa de los Pedros es diferente, pero no dice nada. Los invita a jugar.

---

[34] juego de pelota: a Mesoamerican ballgame played since pre-Columbian times; a modern-day version, *ulama*, is still played in some places by indigenous people.

—Bienvenidos. ¿Quieren jugar?

A los Pedros les encantan los deportes y los dos dicen «sí» a la vez.

Capítulo 15

Por horas los Pedros juegan al juego de pelota. Lo juegan bien. Lo juegan muy bien. Los dos primos son muy rápidos. No saben las reglas, pero juegan tan bien que llama la atención de muchas personas del pueblo. Las personas gritan mucho y animan a los chicos mientras juegan.

De repente, una persona se presenta y habla con los chicos.

—Queremos invitarlos a jugar este juego en nuestro mundo —dice la persona.

Las otras personas que miran el juego se callan inmediatamente. Saben que es una situación peligrosa. La persona quiere matar a los chicos por el ruido que hacen con el juego de pelota.

La lengua que habla esta persona mala es similar al chuj y los chicos la entienden. Pero Pedro Lucas es más inteligente. Habla a su primo en español.

—Primo, así empieza el mito de los héroes gemelos. Si aceptamos, debemos tener cuidado —dice Pedro Lucas.

—Tenés razón. Lo hacemos con cuidado.

Los chicos aceptan la invitación y van al inframundo para jugar al juego peligroso.

Capítulo 16

En el camino al inframundo, los Pedros no se hablan, pero se comunican con los ojos. Ellos se conocen tan bien que no tienen que usar palabras para comunicarse.

De repente, llegan a un río de escorpiones.

—¡Escorpiones! —dice Tostado—. No puede ser. Los escorpiones son muy peligrosos y hay muchos. Primo, ¿qué hacemos? —pregunta Pedro Lucas.

—Vamos a cruzar con cuidado —le dice a su primo—. La situación es difícil, pero nosotros somos más inteligentes.

—Es verdad. Los escorpiones no pueden mordernos si seguimos nadando. Tenemos que movernos rápido en el agua —dice Pedro Lucas.

—Sí. Nadá rápido, Tostado. ¡Rápido! ¿Estás listo? —pregunta Pedro Alonzo.

—Sí, ¡vamos!

Los dos Pedros nadan rápido. Los escorpiones no tienen tiempo para morder a los chicos. Aunque están cansados cuando llegan a la orilla, cruzan el río sin problema.

—¿Estás bien, primo? —pregunta Pedro Alonzo.

—Sí. Estoy bien. ¿Y vos?

—Todo bien.

Están contentos, pero no pueden celebrarlo por mucho tiempo porque en la distancia ven otro río peligroso: un río rojo. Este río no va muy rápido.

—Tostado —dice Pedro Alonzo—, va a ser difícil nadar en este río. Necesitamos nadar muy bien, con fuerza.

—Está bien, primo. Nadamos fuerte. ¡Vamos! — exclama Pedro Lucas.

Los dos chicos nadan muy bien y con fuerza. Pedro Lucas nada mejor que su primo y llega al otro lado primero.

—¡Vamos, primo! —dice Pedro Lucas—. ¡Nadá fuerte!

Como vive en el pueblo, Pedro Alonzo no pasa mucho tiempo en el campo y no sabe nadar tan bien como su primo. Es difícil para él. No es muy fuerte.

—¡Vamos, primo! Nadá más rápido —dice Pedro Lucas—. Vos podés. ¡Vamos!

Pedro Lucas mira a su primo. En un instante desaparece debajo del agua. Pedro Lucas quiere entrar al agua otra vez, pero está muy cansado. ¿Dónde está su primo?

En ese momento, por suerte, Pedro Lucas ve la cabeza de su primo y lo ve llegar a su lado. Pedro Lucas le ofrece la mano y lo ayuda a escapar del río.

—Gracias, Tostado. Gracias por ayudarme —dice Pedro Alonzo.

—Claro. ¿Estás bien, primo? ¿Necesitás descansar? ¿Te acordás del mito? Hay otro río que tenemos que cruzar —dice Pedro Lucas.

Por unos momentos, los dos chicos se sientan a la orilla del río de sangre y lo miran. Pasaron dos pruebas, pero están muy cansados. ¿Pueden pasar otra?

Capítulo 17

Los dos chicos llegan a la tercera prueba: el río de pus. Necesitan cruzarlo. Si no lo cruzan, van a morir.

—¿Igual que antes? —pregunta Pedro Lucas a su primo.

—Sí. Vamos juntos. Vamos a saltar.

Y con esa frase, los chicos corren rápido hacia la orilla para poder saltar al río asqueroso y peligroso.

Los dos chicos nadan juntos, pero esta vez Pedro Lucas es un poco más lento y no llega bien a la orilla del río. Al salir, se cae y el pus le quema un poco los pies.

Pedro Alonzo toma la mano de su primo y lo levanta.

—Tostado, ¿estás bien? —le pregunta.

—Sí, estoy bien. No te preocupes. ¡Vamos! —responde Pedro Lucas.

Por fin los chicos llegan a la entrada del inframundo. Ven unas estatuas de madera. Las estatuas les hablan.

—Bienvenidos, chicos —les dicen.

Pero los Pedros ya saben que no deben prestar atención.

—Ya sabemos que ustedes no son reales —responden ellos.

Los dos chicos se sonríen por ser inteligentes.

Aunque el viaje al otro mundo es un poco difícil, los Pedros pasan todos los desafíos[35]. Al fin llegan al inframundo para hablar con los dioses.

---

[35] desafíos: challenges.

Capítulo 18

—Bienvenidos a nuestro mundo —dice un dios, un Señor de la Muerte.

—Queremos invitarlos a jugar a pelota contra nosotros —dice otro.

—No invitamos a muchos, pero los invitamos a ustedes. Va a ser una buena experiencia.

Los dos chicos se miran y otra vez se hablan en español.

—Primo, no me gusta la situación. Es una prueba. Creo que nos van a matar —dice Pedro Lucas.

—Tenés razón, Tostado. ¿Qué hacemos? Si no aceptamos, nos van a matar, pero si jugamos y ganamos, también nos van a matar.

En ese instante, todos oyen un ruido espantoso. Empiezan a escuchar un tambor fuerte. Ahora todo está oscuro. No se ve nada.

Pedro Lucas agarra el suéter de su primo y grita «¡Corré!».

Los dos chicos corren y no miran hacia atrás. El sonido es constante y más y más fuerte. Entonces los Pedros siguen corriendo.

—¿Adónde vamos? —grita Pedro Alonzo.

—No sé. Pero ¡corré! —responde Pedro Lucas.

No hay tiempo para pensar. Es necesario escapar. Escuchan el tambor, pero no ven nada.

—¡Ayuda! ¡Ayuda! —los dos chicos dicen a la vez.

Los Pedros corren y corren.

¿Hay escape?

Capítulo 19

En el pueblo de San Mateo Ixtatán la situación no es normal. Hay mucho ruido y el golpe constante de un tambor.

Hay muchas personas que gritan. Gritan fuerte. Protestan.

No es un ruido normal en San Mateo Ixtatán. Hay ruido de cohetes[36]. Muchos cohetes.

¿Son cohetes? ¿O son sonidos de armas?

—¿Qué son?

—¿Qué pasa?

—¿Qué hay que hacer?

En el campo Luis José oye los sonidos y las protestas y sabe exactamente qué hacer. Del campo va al pueblo porque quiere encontrar a su hijo.

José Luis piensa igual que su hermano. Sale de la pensión y corre rápido al pueblo.

En el camino a la escuela los dos hermanos ven a muchas personas protestando en la calle y en la plaza principal. «¿Qué es?», se preguntan los dos.

---

[36] cohetes: firecrackers.

Luis José y José Luis llegan a la escuela al mismo tiempo. No se saludan. Buscan a sus hijos.

Los dos hermanos van al aula de 5.º grado. No hay nadie allí.

Los dos hombres oyen más ruidos de la calle. Y más gritos. La gente se manifiesta[37] para demostrar su apoyo al pueblo maya, a la gente indígena.

Los hermanos, José Luis y Luis José, ven a un hombre en el patio de la escuela. Es joven y un poco alto. Tiene barba, bigote y el pelo un poco largo. Lleva un suéter gris, pantalones negros y zapatos también negros. Es Profe Manuel.

—Buscamos a nuestros hijos —dice José Luis a Profe Manuel, sin saludarlo.

—Buenos días. Nuestros hijos se llaman Pedro Alonzo y Pedro Lucas —dice Luis José, saludando al maestro primero.

—Hola, señores. También busco a sus hijos. Fueron a buscar la incaparina cuando empezaron las manifestaciones. Las protestas eran muy fuertes y la directora canceló las clases. Pero sus hijos no regresaron. No podemos encontrarlos.

---

[37] se manifiesta: (people) demonstrate, protest.

Sin hablar, los tres hombres corren para buscar a los chicos.

Capítulo 20

Los primos corren por mucho tiempo. Oyen el ruido, pero es diferente. También oyen el golpe de un tambor, pero eso también es diferente.

—¿Qué fue? ¿Qué pasó? —pregunta Pedro Lucas.

—No sé —dice Pedro Alonzo—. ¿Estás bien?

—Sí. Pero me duele el pie —dice Pedro Lucas.

Todo está oscuro, pero tocan una puerta. Tratan de abrirla. No pueden. Quieren salir de donde están.

—¡Ayuda! ¡Ayuda! —dicen mientras golpean la puerta.

En ese momento alguien abre la puerta.

—¡Allí están! —grita Luis José.

Luis José y José Luis entran en el cuarto pequeño.

—Chicos, ¿están bien? —les pregunta José Luis.

—Sí papi. Sí tío. Estamos bien.

En ese momento los padres miran el pie de Pedro Lucas. Tiene una quemadura[38] bastante grande.

---

[38] quemadura: burn.

—Ay, ¿qué te pasó? —pregunta Luis José.

—El río de pus. Me quemé —responde Pedro Lucas.

—¿Qué? ¿Qué? —pregunta Luis José.

Pedro Lucas trata de explicarlo, pero su papá lo interrumpe.

—¿Dónde estaban? ¿Por qué no salían con los otros estudiantes? —pregunta Luis José.

—Salimos para recoger la refacción y entramos aquí cuando oímos la bulla[39]... —empieza Pedro Alonzo.

—No importa. Vamos a la casa —dice José Luis.

—Sí, hijo. Vamos a la casa —dice Luis José—. Hermano, gracias, pero necesitamos...

—Vamos todos a mi casa —interrumpe José Luis.

Los dos chicos se miran.

—¿Ya no tienen problemas ustedes? —pregunta Pedro Alonzo.

—Ya no —dice Luis José, extendiendo la mano a su hermano.

---

[39] bulla: noise.

—Ya no —dice José Luis, aceptándola—. Lo siento, hermano.

—Yo también lo siento. Vamos a tu casa.

—Pero ustedes no hablaban por mucho tiempo —dice Pedro Alonzo—. Ahora ¿todo está bien?

—Primo, nosotros no hablamos por unos días tampoco —dice Pedro Lucas—. Pero ahora estamos bien. Así es mejor. ¿Verdad?

—Sí, tenés razón. ¿Por qué peleamos? —pregunta Pedro Alonzo.

—No sé. Pero lo siento —dice Pedro Lucas a su primo y mejor amigo.

—Yo también lo siento —dice Luis José, sonriendo a su primo.

—Vamos —dice José Luis—. *Konhach. Konhach b'at kowa' junok koch* (Vamos a tomar una gran comida).

Luis José mira otra vez a su hijo. Pedro Lucas no camina muy bien.

—Hijo, pero ¿qué te pasó?

Pedro Alonzo responde antes que su primo.

—Tío, nosotros tuvimos una aventura. Fuimos a otro mundo. Nos invitaron a jugar, pero necesitamos hacer muchas pruebas. Una vez cruzamos un río de pus y mi primo se quemó.

—Explicá —dice José Luis.

—Sí. Pasó así —dice Pedro Lucas, menos hablador que su primo.

—Interesante. Y ¿qué más pasó? —pregunta José Luis.

—Sí. Cuéntenos en el camino a la casa. Y, Pedro Lucas, no te preocupes. Tu tía te va a curar el pie —dice José Luis.

Los dos hombres se miran y se sonríen. No creen a sus hijos, pero no dicen nada porque recuerdan una experiencia muy similar que les pasó cuando ellos eran jóvenes.

GLOSARIO

A

a – to, at
abiertos - open
abre – s/he, it opens
abrirla – to open it
abuelo(s) – grandfather(s)
acción - action
aceptamos – we accept
aceptan – they accept
aceptándola – accepting it
acerca – about
acompañarlo – to accompany him
acordás – you remember (voseo)
(de) acuerdo - okay
además - besides
adiós – bye
adonde – where
adónde – where
afuera – outside
agarra – s/he, it grabs
agua - water
ahora - now
al – to the (a + el)
algo - something
alguien - someone

allí – there
almorzar – to eat lunch
almuerzo - lunch
alto - tall
alumnos - students
amarillo - yellow
amigo(s) – friend(s)
andá – walk!, go! (voseo)
animado(s) - excited
animan – they cheer
antepasados – ancestors
antes - before
antiguo - ancient
antipático – mean
año(s) – year(s)
apodo - nickname
apoyo - support
aprende – s/he learns
aprender – to learn
aprendimos – we learned
aprendió – s/he learned
aquí - here
argumento – argument
armas – weapons
artesanía - craftwork
asisten – they attend
asistir – to attend
asistió – s/he atended

asqueroso - gross, disgusting
así - so
atacan - they attack
atención - attention
atrás - behind
aula(s) - classroom(s)
aunque - though
aventura - adventure
ayer - yesterday
ayuda - help
ayudarme - to help me
azúcar - sugar

B

balones - balls
balón - ball
barba - beard
barro - mud
bastante - enough
baños - bathrooms
bien - well
bienvenidos - welcome
bigote - moustache
blanco - white
blusa - blouse
bolsa - bag
bonito - pretty
bosque - forest
buen/a/o(s) - good
bulla - noise
buscamos - we look for

buscan - they look for
buscar - to look for
buscarme - to look for me
busco - I look for

C

cabeza - head
cada - each
(se) cae - s/he falls
café - coffee
caiga - s/he falls
calefacción - heat
callado(s) - quiet
(se) callan - they are quiet
calle - street
camina - s/he walks
caminan - they walk
caminar - to walk
caminata - walk
camino - I walk
camisa - shirt
campana - bell
campo - countryside
canasta - basket
canceló - s/he cancelled
cancha(s) - field(s)
canción - song
cansado(s) - tired
canta - s/he sings
cara - face
carro(s) - car(s)
casa(s) - house(s)

casco - helmet
católicas - catholic
causan - they cause
caótica - chaotic
celebrarlo - to
   celebrate it
celoso - jealous
centroamérica -
   Central America
cerca - close
cereales - cereal
chicas - girls
chico(s) - boy(s)
cierra - s/he, it
   closes
cierto - certain
cinco - five
cine - movie theater
cinturón - belt
ciudad - city
civilización -
   civilization
claro - of course
clase(s) - class(es)
clima - climate,
   weather
cocina - kitchen
cohetes - fireworks
colina - hill
comedor - dining
   room
comenta - s/he
   comments
comer - to eat
comida - food
como - like, as

cómo - how
compartir - to share
compañía - company
completa - complete
comprar - to buy
comprarlo - to buy it
compraron - they
   bought
comprende - s/he
   understands
compró - s/he
   bought
comunican - they
   communicate
comunicarse - to
   communicate
con - with
condiciones -
   conditions
conexión -
   connection
confiaban - they
   trusted
conmigo - with me
conoce - s/he knows
conocen - they know
conocerla - to know
   her, it
conocerlos - to know
   them
consigue - s/he gets
constante - constant
construyendo -
   building
construían - they
   built

contento(s) - happy
continuar - to continue
continúa - s/he, it continues
continúan - they continue
contra - against
conversación - conversation
corre - s/he runs
corren - they run
corriendo - running
corré - run! (voseo)
cosechando - planting
costumbre - custom
cree - s/he believes
creen - they believe
creo - I believe
cruza - s/he crosses
cruzamos - we cross
cruzan - they cross
cruzar - to cross
cruzarlo - to cross it
cuaderno - notebook
cuando - when
cuándo - when
cuartito - little room
cuarto - room
cuatro - four
cuenta - s/he tells
cuéntenos - tell us
cuento(s) - story(ies)
cueva - cave
cuidado - careful

cultura - culture
curar - to cure
curiosidad - curiosity

D

da - s/he, it gives
dar - to give
de - of, from, about
debajo - under, underneath
debe - s/he, it must/should
debemos - we must, should
deben - they must, should
débil - weak
debió - s/he must, should
decir - to say, tell
decís - you say, tell (voseo)
decisión - decision
deja - s/he, it leaves behind
dejame - let me (voseo)
dejé - I left
del - de + el
demonios - demons
demostrar - to demonstrate
densa - dense
departamento - department
deportes - sports

desafíos - challenges
desaparece - s/he, it disappears
desayuno - breakfast
descansar - to rest
desde - from, since
después - after
destruir - to destroy
destruyeron - they destroyed
detrás - behind
día(s) - day(s)
dice - s/he, it says, tells
dicen - they say, tell
dices - you say, tell
diez - ten
diferente(s) - different
difícil - difficult
dinero - money
dios(es) - god(s)
diosa - goddess
directora - director
disculpe - pardon
disfrutar - to enjoy
disparos - shots
distancia - distance
dolor - pain
domingo - Sunday
donde - where
dónde - where
dormitorio(s) - bedrooms
dos - two
doña - missus, Mrs.

duele - it hurts
duermen - they sleep

E

e - and
edificio - building
ejemplo(s) - example(s)
el - the
él - he
ella - she
embarazada - pregnant
emocionante - exciting
empezar - to begin
empezaron - they began
empieza - s/he, it begins
empiezan - they begin
empleada - housekeeper
en - in, on
encantan - they are very pleasing to
encantó - it was very pleasing to
encima - on top of
encontrar - to find
encontrarlos - to find them
energía - energy
enojado - angry

(se) enojó - he was angered, got angry

enorme - enormous

enseña - s/he teaches

enseñó - s/he taught

entienden - they understand

entiendo - I understand

entonces - then

entra - s/he enters

entrada - entrance

entramos - we enter. entered

entran - they enter

entrar - to enter

entraron - they entered

entre - betweeen

entrá - enter! (voseo)

éramos - we were

eran - they were

es - s/he, it is

esa - that

escapar - to escape

escapa - s/he escapes

escolar - school

esconderse - to hide

escorpiones - scorpions

escribir - to write

escritorio(s) - desk(s)

escucha - s/he listens

escuchan - they listen

escuchar - to listen

escuchen - listen!

escuchó - s/he listened

escuela(s) - school(s)

ese - that

eso - that

esos - those

espalda - back

espantoso - scary

español - Spanish

especialmente - especially

espera - s/he waits for

esperan - they wait for

esperar - to wait

esperá - wait! (voseo)

esperé - I waited for

espinas - thorns

esposa - wife

esta - this

estaban - they were

Estados Unidos - United States

estamos - we are

estatuas - statues

este - this

estoy - I am
estudia - s/he studies
estudiante(s) – student(s)
estudiar - to study
estudio - I study
está - s/he, it is
están - they are
estás - you are
estúpido - stupid
evangélicas – evangelical
exactamente – exactly
excelente - excellent
excepción - exception
exclama - s/he exclaims
experiencia – experience
explica - s/he explains
explicar - to explain
explicarlo - to explain it
explicá - explain! (voseo)
explorar - to explore
extendiendo – extending
extendió - s/he, it extended

F

fácil - easy
falda - skirt
familia(s) – family(ies)
famoso - famous
fascinante – fascinating
(por) favor - please
felices - happy
felicita – congratulate
feliz - happy
ferretería - hardware store
fin - end
finalmente - finally
financiera - financial
frase - sentence
(en) frente de - in front of
fresco - cool
frijoles - beans
frontera - border
frustrado - frustrated
fruta - fruit
frío - cold
fue - s/he, it was
fue - s/he, went
fueron - they went
fuerte(s) – strong, loud
fuerza - strength
fuimos - we went
fútbol - soccer

G

gallina - hen
gana - s/he earns
ganamos - we win
gemelo(s) - twin(s)
gente - people
gobernantes - governors
golpe - bang
golpean - they bang
gracias - thank you
grado(s) - grade(s)
gran - great
grande(s) - big
gris - gray
grita - s/he yells
gritan - they yell
gritando - yelling
gritos - screams
grupo - group
guardala - put it away! (voseo)
gusta - it is pleasing to

H

haber - to have
habla - s/he, it speaks
hablaban - they spoke
hablador - talker
hablamos - we speak, spoke
hablan - they speak
hablando - speaking
hablar - to speak
hablarle - to speak to him/her
hablas - you speak
hablé - I spoke
había - there was, were
hace - s/he, it does, makes
hacemos - we do, make
hacen - they do, make
hacer - to do, make
hacia - toward
hacés - you make, do (voseo)
hacían - they did, made
hasta - until
hay - there is, are
hecha - done, made
hermana - sister
hermano(s) - brother(s), siblings
hijo - son
hijos - sons, children
historia - history, story
hizo - s/he did, made
hola - hi, hello
hombre - man
hombres - men
honrar - to honor

hora(s) - hour(s)
hoy - today
hubo - there was, were
huevos - eggs
humanos - humans
humilde - humble

I
identidad - identity
iglesia(s) - church(es)
igual - equal
imaginábamos - we imagined
imperio - empire
importa - it matters
importancia - importance
importante - important
impresionados - impressed
indicando - indicating
indígena(s) - indigenous
información - information
inframundo - underworld
inmediatamente - immediately
instante - instant
inteligente(s) - intelligent

interesante - interesting
intereses - interests
interrumpe - s/he, it interrupts
interés - interest
invita - s/he, it invites
invitaban - they invited
invitación - invitation
invitamos - we invite, we invited
invitar - to invite
invitarlos - to invite them
invitaron - they invited
invité - I invited
invitó - s/he invited
ir - to go

J
joven - young
jóvenes - young people
juega - s/he, it plays
juegan - they play
juego(s) - game(s)
jugaban - they played
jugadores - players
jugamos - we play, played
jugando - playing

jugar - to play
jugo - juice
juntos - together

K
kilómetros - kilometers

L
la - the, it
lado - side
lápices - pencils
lápiz - pencil
larga/o - long
las - the
lava - s/he washes
le - to him, her
leche - milk
leer - to read
lejos - far
lengua - tongue, language
lento - slow
les - to them
(se)levanta - s/he, it raises, gets up
(se) levantan - they raise, get up
libro - book
limpia - s/he, it cleans
limpian - they clean
lindo - nice
lista/o(s) - ready

(se) llama - s/he calls him/herself
(se) llaman - they call themselves
(me) llamo - I call myself
(te) llamas - you call yourself
llega - s/he arrives
llegan - they arrive
llegar - to arrive
llegó - s/he arrived
lleva - s/he wears
llevan - they wear
llevar - to wear
(te) llevo - I take you
lo - it, him
los - them
luego - after
lugar - place
luna - moon
lunes - Monday

M
madera - wood
madre - mother
maestra/o(s) - teachers
magia - magic
mágico - magic
mal - badly
mala/o(s) - bad
malévolos - evil
mama - mom
manda - s/he, it sends

mandan – they send
manifestaciones – demonstrations
manifiesta – s/he demonstrates
mano(s) – hand(s)
mapa – map
máquina – machine
más – more
matar – to kill
matarlas – to kill them
mátenlo – kill him
materiales – materials
materias – school subjects
maya(s) – Mayan
mayor – older
mañana(s) – morning(s), tomorrow
me – me, to me
mejor – better
memorizando – memorizing
menor – younger
menos – less
mercado – market
mesa – table
meses – months
mesoamericana – Mesoamerica
mi – my
mí – me
miedo – fear

mientras – while
mira – s/he, it watches
miran – they watch
misma/o – same
mito(s) – myth(s)
mochila – backpack
modales – manners
molestaban – they bothered
molestoso – bothersome
momento(s) – moment(s)
montañas – mountains
morder – to bite
mordernos – to bite us
morir – to die
mostró – s/he showed
movernos – to move us
mucha/o(s) – much, a lot
mudos – mute
muere – s/he, it dies
muerte – death
mujeres – women
mundo – world
muros – walls
música – music
muy – very

N

nacieron - they were born
nada - nothing
nada - s/he swims
nadamos - we swim
nadan - they swim
nadando - swimming
nadar - to swim
nadie - no one
nadá - swim! (voseo)
necesario - necessary
necesita - s/he, it needs
necesitamos - we need
necesitan - they need
necesitas - you need
necesito - I need
necesitás - you need (voseo)
negocio - business
negros - black
ni - neither, nor
ninguna - none
ningún - not one
nombre(s) - name(s)
normalmente - normally
norte - north
nos - us
nosotros - we
nota - s/he notices
notando - noticing

nubes - clouds
nuestra/o(s) - our
nueva/o - new
nunca - never

O

obligatorio - obligatory
ocho - eight
ofrece - s/he offers
oímos - we hear
oír - to hear
ojos - eyes
oportunidad - opportunity
órdenes - orders
origen - origin
orilla - riverbank
oscura/o - dark
oscuridad - darkness
otra/o(s) - other
oye - s/he, it hears
oyen - they hear

P

padre - father
padres - fathers, parents
palabras - words
pan - bread
pantalones - pants
pantalón - pants
papel - paper

papi - daddy
papa - dad
para - for
parece - it seems
parecen - they seem
parecía - it seems
parte(s) - part(s)
participa - s/he, it participates
parás - you stop (voseo)
pasa - s/he spends, it happens
pasado(s) – past, last
pasamos - we pass by they pass
pasar - to pass, spend
pasaron - they spent
pasé - I spent
pasó - s/he spent
patojos - Guatemalan Word for kids
país - country
pedirle - to ask him/her
peleamos - we fight
pelear - to fight
peligro - danger
peligrosa/o(s) – dangerous
pelo - hair
pelota - ball
película - movie
pensando - thinking

pensar - to think
pequeña/o - small
permiso – permission
pero - but
persona(s) – person(s)
picaduras - sting
pican - they sting
pie - foot
piensa - s/he, it thinks
pies - feet
pisto - Guatemalan word for money
pizarrón – blackboard
plantas - plants
platicar - to chat
poco(s) – few, a little
podemos - we are able
poder - to be able
poder(es) – power(s)
podés - you can (voseo)
podían - they could
podías - you could
pone - s/he, it puts, places
por - for
porque - because
portón - gate
practicamos - we practice
precaución – precaution

pregunta - s/he asks
preguntan - they ask
preguntar - to ask
preguntarle - to ask him, her
preguntas - you ask
preocupado - worried
(no te) preocupes - don't worry
preocupés - you worry (voseo)
prepara - s/he, it prepares
preparan - they prepare
preparar - to prepare
presenta - s/he, it presents
presentarla - to present it
presente(s) - present
prestan (atención) - pay attention
prestar - to lend
primero - first
primo(s) - cousin(s)
principio - beginning
privadas - private
probablemente - probably
problema(s) - problem(s)
profesor - professor
protestan - they protest

protestando - protesting
protestas - protests
prueba(s) - test(s)
públicas - public
pueblo - town
puede - s/he, it can, is able
pueden - they can, are able
puedo - I can, am able
puerta - door
pues - well, then
pus - pus

Q

que - that
qué - what
quedan - they stay, remain
quedó - s/he stayed, remained
quema - it burns
quemadura - burn
(me) quemé - I burned (myself)
(se) quemó - s/he burned (her/himself)
queremos - we want
querés - you want (voseo)
quería - I, s/he, it wanted

quién - who
quiere - s/he, it wants
quieren - they want
quiero - I want

R
rápido(s) - fast
raro - rare, strange
rato - moment
razón - reason
reaccionar - to react
reales - real
realmente - really
recibe - s/he, it receives
recoger - to pick up
recogerle - to pick him up
recreo - recess
recuerda - s/he remembers
recuerdan - they remember
refacción - snack
región - region
reglas - rules
regresa - s/he returns
regresan - they return
regresar - to return
regresaron - they returned
relación - relationship

religiosas - religious
(de) repente - suddenly
residentes - residents
resolver - to resolve
respeto - respect
respira - s/he, it breathes
responde - s/he, it responds
responden - they respond
respuesta - answer
restaurante - restaurant
revivieron - they revived
revivirlo - to revive him
reza - s/he prays
rica/o(s) - rich
(se) ríen - they laugh
río - river
rojo - red
ropa - clothes
ropero - wardrobe
ruido(s) - noise(s)
rutina - routine

S
sábado - Saturday
sabe - s/he, it knows
sabemos - we know
saben - they know

sabés - you know
(voseo)
sabía - I, s/he, it
knew
saca - s/he, it takes
out
sala - living room
sale - s/he, it leaves,
goes out
salen - they leave, go
out
salían - they left,
went out
salida - exit
salimos - we leave,
go out
salir - to leave, go
out
saltan - they jump
saltar - to jump
saluda - s/he greets
saludan - they greet
saludando - greeting
saludar - to greet
saludarlo - to greet
him
sangre - blood
sé - I know
secundarias -
secondary
seguimos - we follow
segundo - second
seis - six
semana - week
sentarse - to sit
down

ser - to be
servicio - service
señor - mister, sir
señores - sirs, men
si - if
sí - yes
siempre - always
(se) sienta - s/he, it
sits
(se) sientan - they sit
(se) siente – s/he,
feels
(me) siento - I sit, I
feel
sigue - s/he, it
follows
siguen - they follow
siguiendo - following
siguiente - following
silbatos - whistles
silencio - silence
sillas - chairs
simpática - nice
sin - without
situación - situation
sobre - about
sobrevivés - you
survive (voseo)
sobrino - nephew
sol - sun
solo - only, alone
somos – we are
son - they are
sonido(s) - sound(s)
sonriendo - smiling
sonrisa - smile

sonríe - s/he smiles
sonríen - they smile
sopa - soup
soplan - they blow
sorprendidos - surprised
sos - you are (voseo)
soy - I am
su(s) - his, her, their
suerte - luck
suéter - sweater
suficiente - sufficient
sufrimiento - suffering
sufrir - to suffer
suroeste - southwest
suspira - s/he sighs

T
tal - so
también - also
tambor - drum
tampoco - either
tan - so
tarde - late, afternoon
teje - s/he weaves
tela(s) - material(s), cloth(s)
telar - to weave
temprano - early
tenemos - we have
tener - to have
tengo - I have

tenés - you have (voseo)
tenían - they had
tercera - third
terco - stubborn
termina - s/he, it ends
texto - text
tía - aunt
tiempo(s) - time(s)
tiene - s/he, it has
tienen - they have
tierra - earth, land
tímidas - shy
tío - uncle
típica/o(s) - typical
toca - s/he plays
tocan - they play
tocar(la)(lo) - to play (it)
toda/o(s) - all
todavía - still, yet
toma - s/he, it takes, drinks
tomando - taking
tomar - to take, drink
tomó - s/he, it took
tortuga - turtle
trabaja - s/he, it works
trabajaban - they worked
trabajan - they work
trabajando - working
trabajar - to work

trabajo - I work
trabajo(s) - job(s)
transacción - transaction
trata - s/he, it tries
tratan - they try
treinta - thirty
tres - three
triste - sad
tristeza - sadness
tuvieron - they had
tuvimos - we had
tuvo - s/he, it had

U
u - or
un/a - a, an
unas/os - some
único(s) - only
universidad - university
usando - using
usar - to use
usarlos - to use them
usted - you (formal)
ustedes - you (plural)

V
va - s/he, it goes
valor - courage
vamos - we go
van - they go
vas - you go
vayan - go!
váyanse - go!

ve - s/he, it sees
veces - times, instances
vemos - we see
ven - they see
vencieron - they beat
vende - s/he, it sells
vender - to sell
venir - to come
ventana - window
veo - I see
ver - to see
(de) veras - really
verdad - truth, true
verde - green
vez - time, instance
viaje - trip
vida - life
viejo - old
viene - s/he, it comes
vienen - they come
viernes - Friday
vimos - we saw
visitar - to visit
vive - s/he, it lives
viven - they live
vivir - to live
vivo - I live
vos - you
voy - I go
voz - voice
vuelve - s/he, it returns

Y

y - and
ya - already
yo - I

Z

zapatos de tenis -
sneakers

ABOUT THE AUTHOR

Jennifer Degenhardt taught high school Spanish for over 20 years and now teaches at the college level. At the time she realized her own high school students, many of whom had learning challenges, acquired language best through stories, so she began to write ones that she thought would appeal to them. She has been writing ever since.

Other titles by Jen Degenhardt:

La chica nueva | La Nouvelle Fille | <u>The New Girl</u> |
Das Neue Mädchen | La nuova ragazza
La chica nueva (the ancillary/workbook
volume, Kindle book, audiobook)
Salida 8 | *Sortie no. 8*
Chuchotenango | *La terre des chiens errants* | La vita
dei cani
Pesas | *Poids et haltères*

Luis, un soñador
El jersey | The Jersey | *Le Maillot*
La mochila | The Backpack | *Le sac à dos*
Moviendo montañas | *Déplacer les montagnes* |
Moving Mountains | *Spostando montagne*
La vida es complicada | *La vie est compliquée* | Life is
Complicated
*La vida es complicada Practice & Questions
(workbook)*
El Mundial | *La Coupe du Monde* | The World Cup
Quince | Fifteen
Quince Practice & Questions (workbook)
El viaje difícil | *Un Voyage Difficile* | A Difficult Journey
La niñera
Era una chica nueva
Levantando pesas: un cuento en el pasado
Se movieron las montañas
Fue un viaje difícil
¿Qué pasó con el jersey?
Cuando se perdió la mochila
Con (un poco de) ayuda de mis amigos | With (a little)
Help from My Friends | *Un petit coup de main amical*
La última prueba | The Last Test
Los tres amigos | Three Friends | *Drei Freunde* | *Les
Trois Amis*
La evolución musical
María María: un cuento de un huracán | María María:
A Story of a Storm | *Maria Maria: un histoire d'un
orage*
Debido a la tormenta
La lucha de la vida | The Fight of His Life
Secretos
Como vuela la pelota
Cambios | *Changements* | Changes
El pueblo

 @JenniferDegenh1

84

@jendegenhardt9

@PuentesLanguage &
World LanguageTeaching Stories (group)

Visit www.puenteslanguage.com to sign up to receive
information on new releases and other events.

Check out all titles as ebooks with audio on
www.digilangua.co.